네 시 반 창문 너머

* 본문 페이지에서 한 연이 첫 번째 행에서 시작될 때에는 〈 표기를 합니다.

지성의 상상 시인선 050

네 시 반 창문 너머

문영하 시집

지성의상상

■ 시인의 말

네 시 반 창문 너머

초록 벌레 한 마리
연한 봄을 사각사각 거침없이 먹는다
벌레의 몸속에 기록된 봄은
누대의 여름을 시퍼렇게 쏟아냈다

조가비로 앉은 초가집들
김환기의 그림 속 푸른 점들이 날아와
사무치는 얼굴로
손을 흔든다

내 허물이 흐늘거리는
기차는 항상 그곳으로 간다

2025년 여름
문영하

■ 차례

1부

테라코타	19
칠월	20
네 시 반 창문 너머	22
단풍나무 교실	24
매화를 그리다 1	25
매화를 그리다 2	26
11월의 나비	27
파랑	28
화살나무	30
나무의 무덤	32
마당	34
낭쇠	36
점으로 오는 소리	38
노랑, 샴발라	40

2부

가장 낮은 몸짓	45
헤링본 재킷을 입으면	46
그령을 캐던 아이는 아프리카로 갔다	48
시금치	50
수박 2	52
오독의 즐거움	54
똥	55
말 전하기 놀이	56
비밀	58
수박 3	60
외투의 귀가	62
맨발 걷기	64
인광	66
우울한 날	67

3부

11월	71
발이 혓바닥이다	72
사랑니	74
ADHD	76
오징어	78
실뜨기 놀이	80
내 이름을 부르며	82
쓸개가 아프다	84
김	85
적갈색, 통증을 다스리다	86
스타킹	88
구본창의 흑백사진	89

4부

저들은 법을 논하지 않는다	93
위치 이동	94
악연이다	96
침묵 계산	98
적막의 손이 따갑다	100
목각인형	102
몸 하다	104
사과	106
수국이면 좋겠다	108
환절기 목감기로 오는	110
수련원 첫날	112
연필로 그리는 여름	114

■ 해설 | 나무의 말씀과 우주목 그리고 신화적 상상력   127
－서안나(시인·문학평론가)

1부

테라코타[*]

테라코타 인형에서
어린 노랑이 일어난다

밀랍으로 봉해 놓은 노랑은
나의 창세기

흙담 앞에서 피던
민들레의 모습은 머물지 않지만

반가운 안부처럼

800도의 불에 구워진 봄날이
불에서 빠져나온
흙의
영혼 같은

아릿한 사랑이 시공을 넘나든다

[*] 이탈리아어로 흙(terra)과 굽다(cotta)에서 나온 말.
흙의 색깔과 느낌이 남아 있는 미적 특성이 있음.

칠월
−교실일지 1

노각나무 그늘에서 철을 만난
매미들이
여름을 한마당 감아올린다

마구 쏟아지는 땡볕을 겁 없이
받아내던 칠월이
비늘 같은 울음으로 일어나
맴 맴 맴

노각나무 흰 꽃이 아기 손만 한
눈물방울로
툭 툭 떨어진다

−여기, 매미가 누워 있어요
꿈쩍도 안 해요

죽었구나
−매미는 왜 죽어요?
제 할 일이 끝났으니까

살아 있는 것들은 언젠간 다 죽어

그 아이, 손사래 치며 항거하듯
-그래도 나는 죽기 싫어요

아이들이 나무로 죽음을 싸서
칠월의 씨앗으로 묻는다

네 시 반 창문 너머

반가사유상으로
나는 문장에 턱을 괴고 있다

꽃병 속 꽃대는 짓무르고

시는 오른발을 왼 무릎에 얹고 있어
쓰면 쓸수록
거리는 멀어진다

벌레는 소리 없이 꽃잎을 뚫고
시는 아직도
네 시 반의 창문 너머에 걸려 있다

나를 켜 놓고 나를 보라
글자가 없는 글을 읽고 또 읽는다

찰깍, 소리 나는 시 한 편 만나려고
어둠에 구멍을 내는데
청동의 빛은

또 다른 빛으로 표정이 바뀐다

눈을 반쯤 감고
어두운 문장 속을 헤매던

내 첫사랑이 그랬다

단풍나무 교실
– 교실일지 2

그 교실 풍경이 나를 따라다닌다
1학년을 맡은 어느 해 5월, 장학지도를 나왔다
벨이 울리고 수업을 시작하려는데 자리 하나가 비었다
어디로 갔을까 아무리 찾아도 아이는 없다
벌집 쑤셔 놓은 듯 교실은 와글와글 난장판.
그때 창문 밖 단풍나무 가지에 비둘기처럼 앉은 아이가
"여기요 여기서도 선생님이 잘 보여요"

교실에서 교실을 밀고 나간
아이는
담임이 보이는
단풍나무까지가 교실이었다

교실을 끌고 다니던 아이는
장애물 경기 같은 이 세상을
어떤 이야기로 건너고 있을까

매화를 그리다 1

아버지는 새해 첫 일기에 이렇게 적었다
-75세, 2002년의 화두: '올해는 버리는 해'
"기쁨도 슬픔도 욕심도 다 버리고 영원으로 가는 길을 응시한다"

아버지, 서울로 향한다는 연락이다. 한사코 큰 병원을 거절하시더니
이제 때가 되어 자식 곁에서 문을 닫겠다고 결심한 모양.
"일흔다섯이 넘으면 여럿에게 폐를 끼친다." 늘 말씀하시더니
일흔다섯 5월, 영면에 드셨다

마당에 있던 매화가 가지를 버리는 연습을 하고 있었다
아버지는 전등불을 켜 놓고 책상 앞에서 꽃 피우기에 골똘하셨다
새벽 내내 꽃의 향기를 모으던
아버지 다정한 꽃으로 원고지에 촘촘히 앉으시더니

내 몸 어딘가에 숨었다가
해마다 봄이면 꽃눈으로 환히 건너오신다

매화를 그리다 2
- 금반지

"자네 아부지 떠나며
나더러 3년만 더 살다 일흔다섯에 오라고 했네
내가 올해 일흔다섯이니 우찌할꼬"

어머니는 아버지보다 19년을 더 살다 가셨다

아버지, 첫 원고료 받아
금반지 사서 어머니 손에 끼우셨다
아까워 손가락에 끼지 못하고 장롱 속에 고이 두고
만지작거리기만 하시던

그 사랑 100년을 익어가

시간의 풍화 속에서도
생물로
살아서 움직인다

향기로 이어지는 서사
사랑은 이리도 오래 살아남는다

11월의 나비

그녀를 뒷산에 두고 망연히 앉았다
불현듯 내 앞에
11월, 때늦은 노랑나비 한 마리
팔랑거린다

시누대 숲에 숨었다 날았다
나풀거리는 쪽지

저 현현한 혼령이
휑하게 나를 빠져나간다

'죽음은 소멸이 아니라 옮겨감'이라
생생히 전하며
팔랑팔랑
내 눈동자 속을 날아간다

파랑

파도에 휩쓸렸다

죽음의 손을 잠시 잡았던 나는
거짓 같은 내 몸을 붙잡고 살고 있다

헛것처럼 스쳐 간
죽음이 알려준 파랑의 깊이

나를 부르는 희미한 소리 있었다

아득히 눈을 떴을 때
하늘엔
새떼들이 먹먹히 날아가고 있었다

잠이 들면
아직도 파랑의 물속이다
파랑이라고 쓰면
젖은 손이 내 이마를 쓸어 주었다
〈

파랑에서
나는 얼마나 걸어 나왔나

스스로 깊어져
물이 되고 하늘이 되는

고요한 파랑 속에 잠긴다
한 번 죽은 내가
그 속에 살고 있다

화살나무
― 교실일지 3

뇌성마비를 앓은 아이의 시험지는 전쟁이 훑고 간 들판이다
무두질이 끝난 가죽처럼 후줄근한 시험지 위에 땀과 침으로 얼룩진 슬픔이 화살나무 갈기로 돋는다

빨간 색연필이
어눌한 몸이 그린 해답을 보물찾기 하듯 샅샅이 찾는다
훌떡 벗어던진 옷가지처럼 1번의 답이 2번의 문항에 날리듯 걸려 있고, 3번 4번 5번의 답이 서로 엉켜 여기 함께 있다고 소리친다
끈 떨어진 풍선으로 시험지 귀퉁이에 매달린 주관식 답이 발을 구르며 구원을 요청한다

괄호는 맞추기 어려운 과녁, (　)에 답을 넣기 위해 사투를 벌인 흔적을 따라서 간 점수는 대부분 90을 넘는다

날개가 있어도 날지 못하는 화살나무

옆구리에 화살을 끼고
덜 마른 점토 인형이 흐느적 흐느적 간다
손과 발이 각각 따로 움직이는
물렁한 저 몸에다
반듯하게 각을 넣어본다

색연필이, 화살나무잎처럼 발갛게 젖는다

나무의 무덤

주소를 옮겼다
장롱이 된 회화나무

소용돌이치는 갈색 흉터
제 몸에 흘러간 상처를 펼친다

바람의 손아귀에 머리끄덩이 잡히던
생존의 몸부림은
온몸을 휘돌아나가고
새는 포르르 날아갔다

저 통증의 흔적이
이리 아름다운 건
종단의
긴 고통을 완주한 때문이다

하늘의 펌프질에 거꾸로 흐른
물의 신전
중력을 거스른

힘의 비밀이 꿈틀거린다

나무의 무덤에 얼굴을 대면
시절을 견뎌낸
아픈 살냄새가 난다

마당

동작 그만,
기호에서 풀린 멈춤이 날아다닌다

할아버지 콩 타작 한 마당 거두고
백타원白楕圓* 뜨거운 의지 한아름
감나무 그늘에 실려 나간다

출구는 입구
시작과 끝이 함께 흐른다
길이 되어 나갔다 다시 돌아오는 기척
맥놀이로 온다

흐르는 기운은
이온ion처럼 내 울음 속으로 들어와
뒤척인다

그날이 겹겹 포개진 마당에
알에서 깬 내가 섰다
〈

쏟아지는 별을 헤다
꿈 한바탕** 쏘아 올리며
그 살을 따라갔다 다시 돌아오는 곳

이길 수 없는 힘과 싸우며
간절한 발자국으로 자박거리던
사각의 공간을
담장이 뭘 하나 기웃거린다

* 문신수(아버지)가 쓴 단편소설. 경주로, track을 의미함.
** 활을 쏘아 살이 미치는 거리의 단위.

낭쇠*

흰 소**의 먼 조상이다

피와 살 다 빠지고 선 채로 미라가 된
몽골의 쟈크나무처럼
뿌리에 고이는
짠물 끌어올려 목을 축인다

자신이 낳은 소를
물끄러미 바라보던 사내가

소의 등줄을 타고
거칠게 밀려오는
그리움의 파도를 건너간다

가난이 알몸으로 뒹구는
한 뼘 방에서
온 식구가
돌장게로 허기를 먹은 날
〈

해묵은 천식의
가래 끓는 소리 같은
게들의 거품 소리가
귀에 가득 고인다

죽음은 지상에서
신의 영역으로 들어가는
정화 의식
생의 옷 벗어 놓고 그는 갔는데

저 소가
그 옷을 입고 자꾸 운다

* 제주에서 입춘 때 사용되는 나무로 만든 소.
** 이중섭의 그림 (낭쇠가 '흰 소'의 모티브가 됐을 거라는 설이 있음).

점으로 오는 소리

돌 지난 아기가
내게로 오는 소리는
돌돌 흐르는 개울물 소리다

2층 계단 모서리에 납작 엎드려
벽에다 몸을 붙이고
물처럼 미끄러진다

통 통 통…
점으로 오는 소리 방문에서 멈춘다

말문이 열리지 않아 끙끙대다가
'으, 으' 터지는 외마디
강한 자기력에 끌려
우주를 건너온 소리

아기와 만나는 아침은
온온한 고치 속이다
〈

어느 강력한 손을 따라서 가는
아기와 나는
몸에서 몸을 잇는 긴 릴레이
바통 터치 중

저녁은 눕고 아침은 일어선다
맑은 눈빛에 비치는
청동거울 깊은 속 아득한 시원
시간은 흘러도 사랑은 남는다[*]

[*] 템푸스 푸지트, 아모르 메네트(Tempus fugit, amor manet) 한동일의 「라틴어 수업」에서 따옴.

노랑, 샴발라

어둠을 밝히는
연노랑 봉지 속이다

내 걸음마는 여기서 시작되어

하현 빛 한 자락 창호지 틈으로 스며
알전등 열매로 익어가고
박달나무 책상 앞에서
아버지 생각에 잠기던 방

자위* 돌 때까지 내가 앉았던

노랑의 문밖으로 나와
나는
무빙워크에 실려 한없이 흐른다

샛노랗던 부리는 칙칙해졌지만
꼬랑지엔 아직도
겨우살이 열매 같은 노랑이 살아

⟨

가끔씩 그 속에서 몽유를 즐긴다

고요하고 평안한 나의 샴발라[**]

* 밤톨이 완전히 익기 전까지 밤송이에 붙어 있던 자리.
** 단순한 지리적 장소가 아닌 완전한 깨달음과 평온한 마음의 상태, 불교 수행자들이 내면에서 찾는 이상향.

2부

가장 낮은 몸짓

등나무 그늘에 앉아
등꽃 떨어진 곳을 바라본다
느리게 느리게 기어가는
애벌레 한 마리

나를 찾아
꿈속으로 기어 오는 우리 아기
배밀이다

가장 낮은 곳에서
가장 낮은 것이 세상을 향해
온몸으로 돌진한다

바로 저것이다
벌레가 몸소 가르쳐 주는 세상 읽기

등꽃 그늘에 앉아 나를 바라본다

헤링본* 재킷을 입으면

ㅅ, ㅅ들이 손잡고 내 재킷으로 온다

동해의 청어 떼가 첨벙첨벙 물장구치며
선창으로 몰려든다

청청 청어 엮자 청청 청어 엮자
자진모리장단에
청어들이 어깨를 겯고 하늘로 날아간다

부레의 마지막 공기 방울로
작별을 고하며
바람에 몸을 맡기는 과메기

허공을 날으는 푸른 물고기는
꾸둑꾸둑 멀어져 가는 제 영혼을
휘파람으로 부른다

뒤돌아보며 간 청어들이 옷을 벗는 소리
서걱이는 뼈들은

파랑을 잊지 못하는 저들의 묘비명

가시들이 내 하루를 찌르며 자꾸
겨울 바다로 가잔다

물새의 날갯짓으로 징검징검
ㅅ들이 줄지어
저 검푸른 동해를 밀고 온다

* 물고기 청어의 뼈에서 유래한 패턴으로 붙여진 이름.

그령*을 캐던 아이는 아프리카로 갔다

―우리는 오래전 아프리카의 열대 동물.
 침팬지나 보노보와 다름없었던 우리는 일 년에 0.5km씩 이십만 년을 이동, 이곳에 왔다는데

세상의 모든 뻐꾸기는 아프리카에서 월동을 한단다

30년 전, 제자들의 모임에 초대받았다
운동장에서 호미로 그령을 캐던 아이는
뻐꾸기 따라
아프리카로 날아갔다고

뻐꾹 소리 영롱한 초여름
풀을 캐던 아이는 호미로 제 종아리를 캤다

하얀 종아리 살이 새알처럼 드러난
아이를 업고
보건소를 향해 비호처럼 뛰었다

긴박했던 시간이

무성영화 장면으로 느리게 가는데

아이는 뒤돌아보지 않고
아라비아해 쪽으로 날아갔다고

밀림 속에 둥지 틀고
영영 돌아오지 못하는 뻐꾸기

6월의 '뻐꾹' 소리가 애잔하다

* 볏과에 속하는 여러해살이풀.

시금치

한겨울 남해의 들판은 슬프도록 푸르다

저 시퍼런 시금치밭은
앉은걸음으로 허리 한 번 펴지 못하는
그녀의 일기다

눈 덮인 논밭의 초록은
찰과상처럼 시린데

생풀이 무성한
겨울 밭을 가꾸던 손길은 간 곳 없고
아가~
그 환한 웃음만 허공에 떠 있는

다랭이 논둑을 따라온 봄이
주인으로 앉았다

북상할 채비에 바쁜 푸른 날이
추위에 바싹 몸을 오그렸다가

무릎을 세운다

시금치와 갯바람은
참 돈독한 데가 있어
진눈깨비 속에서도 서로를 격려한다

저 풀의 엉덩이가
유독 달짝지근 붉은 것은

겨우내 가부좌하고
가슴에 지핀 불로
꽁꽁 언 발을 녹이기 때문이다

수박 2

무더위 가는 길에
수박 줄기 하나
땡볕의 열기를 게우고 있다

땅에 바싹 몸을 붙이고
실뱀처럼 기어가는
저 근기에 열매 하나 업힌다

배꼽이 저리는 열매가
흙에다 배를 문지르면
요동치듯
호랑이 줄무늬가 꿈틀거린다

시퍼렇게 풀독 오르는 밤
붉은 속내를 감추고
둥글게 웅크린
비늘 없는 짐승이

달빛에

터질 듯한 아랫도리를
꼭 잠그고 있다

오독의 즐거움
— 교실일지 4

한 아이
수업 중 계속 손목시계를 만진다

지금 뭐 하는 거니?
- 오늘이 사라졌어요

이리 갖고 와

자, 오늘을 찾았으니
수리비 1,000원 했더니

조금 있다가
심각한 얼굴로 조르르 나온 아이

내 귀에 입을 대고
- '오늘 값'
오백 원 깎아주면 안 돼요?

까르르 깔깔
오늘이 한바탕 신나게 굴러간다

똥

초록은 동물이다

저들을 막아낼 수가 없다
햇살 좋은 날일수록
연대의 힘으로 더욱 와락 달려든다

눈 코 입 다 숨기고
산과 들 모두 먹어 치우며
무장 무장 몸뚱이 키우더니

짙어진 배 불룩 내밀고
하늘 땅 제 것이라
호기를 부리더니

온 세상 먹어댄 부채를 청산한다

그 짐승 몸 밖으로 내놓고 간
무더기무더기 알알이
우리는 그 똥을 먹는다

말 전하기 놀이
―교실일지 5

비 오는 날
와글와글 교실이 시끄럽다
말 전하기 놀이를 한다

'밖에는 비가 오고 바람이 분다'
쪽지에 쓴 구절을
맨 앞줄의 아이가 읽고 뒤로 전한다

바통을 건네듯 손 보자기에 싸인
움직이는 입술이
뒤로, 뒤로 말을 넘긴다

맨 뒷줄의 아이가 가져온 말은
'비 오는 운동장에
개구리가 팔짝팔짝 뛴다'였다

꼬리 몸통 다 잘리고
'비'만 남은 문맥 속에
웬 '개구리'

〈
개구리들이 합창을 한다
개구개굴 개구리 목청도 좋다[*]

소란을 재우려다
개구리만 깨웠다

[*] 동요 '개구리'의 노랫말 부분.

비밀
―교실일지 6

맨 뒷줄에 앉은 아이
눈동자까지 노랬다
간신히 울음을 참고 있다

왜 그러니?

소중한 부분이
지네 같은 누런 지퍼의 이빨에
꽉 물려 있다
아이는 팬티를 입지 않았다

지퍼를 올릴 수도
내릴 수도 없다

신음도 내지 못하고
덫에 걸린 듯 파르르 떨고 있다

― 눈을 꼭 감아
〈

조금 아파도 참아야 해.
억센 지네의 입을 쭉 내린다

붉은 꽃이 핀다

수박 3

산골 물소리 흘러든다
은어가 물 따라가며 뿌린 향기도

다람쥐, 새끼 노루 숲을 헤쳐간 길도
도르르 말려
둥근 시간 속으로 온다

티끌에 물들지 않은
여름 사원寺院 한 채
삼복의 배꼽으로 여물어가고

암녹색 줄무늬 당기며
해탈의 종소리 번진다

서늘한
득도의 칼날 스치자
쩍,
속박의 굴레가 쪼개진다
〈

붉은 화엄 한 입
베어서 무니
마음속 먼지들이 훅 날아간다

외투의 귀가

아버지 오랜만에
겨울 외투 하나 장만했다

친척 아저씨 빌려 입고
하동과 구례 남원을
바람으로 떠돌다
겨울이 간 뒤에야 돌아왔다

한 철 몸값을 다한
새까만 외투 깃에는
얼쑤얼쑤 쑥대머리 장단도
껴앉았다

주인을 떠난 옷은
그래도 그럴싸한 각을 잡고
유랑의 어깨를 곡진히 감싸야 했다

구겨진 외투 주머니에서
그는 호탕하게

건곤일척乾坤一擲*을 꺼내고
비장의 수단으로
토정의 비결을 설파했다

누군가의 운명이
내 운명이 되기도 하는

긴 기다림 끝에
퀴퀴한 유목의 냄새를 풍기며
후줄근히 찌든 외투가 돌아왔다

* 하늘이나 땅이냐를 한번 던져서 결정한다는 뜻으로, 운명을 걸고 난판걸이로 승부를 겨루는 말.

맨발 걷기

오늘이 어제를 만나요

원시인이 되어 숲길을 걸어요
나무를 뚫고
나이테를 따라 걸어 들어가요
동심원의 안쪽은 깊고 조용해요

빙하가 녹아요
뗀석기의 이끼가
내 옆구리에서 자라요
4만 년 전의 벌레가 깨어나고
내 이마가 간질거려요

계림*에는 천 년 전의 참새가 울고
오늘의 햇빛이
유릿가루처럼 쏟아져요
닭울음에
토우들이 피리를 불며 춤을 추네요
〈

만들다 두고 온 눈사람이
불쑥 안녕을 물어요

손을 흔들어요

* 경주시에 있는 숲, 경주 김씨의 시조 김알지가 태어났다는 곳.

인광

반쯤 말린 생선에서
푸른 유언이 핀다

말길이 끊어진 죽은 몸에서
간절히 보내는 전언
어둠 속 긴 방이 푸르다

깊은 바닷속
물고기, 비늘 파닥이며 헤엄을 친다

물풀을 헤치고 오는
저 강렬한 역류
영혼의 색깔이 오로라로 핀다

죽음의 눈빛 같은
서늘한 인광이 전하는 말

삶과 죽음은 살이 닿아 있다고

우울한 날

먹물버섯 주머니 터졌다

시야가 어둑하다

스스로 갇히고 싶은 봄날

복어처럼 불룩

뱃속을 온통

저녁으로 채운다

3부

11월

푸른 잎은 주소만 남기고 간다

오래 산 부부처럼
헐렁한 두 어깨가
같은 방향을 보고 섰다

어깨에 앉았던 새들은
모두를 데리고 떠났다
떠난 것들의 소리는
썩지 않는다

저들이 던지고 간 셈법엔
물음도 대답도 없다

빈 저울에 올리는 11월은
늦은 안부처럼
헐겁다

발이 혓바닥이다

개펄에 밥이 있다
윤이 어미 발은 간절한 혓바닥
날마다 갯벌을 핥는다

죽음을 통과하듯 끊어지다 이어지는
갯지렁이 흔적

뻘밭은
지천에 숨구멍이 벌름거린다

혈六을 잡아
그 숨구멍을 사정없이 뒤집는다
동죽을 캐고
낙지를 잡으며
아이 둘을 키웠다

죽기 아니면 살기다
그녀의 갯벌은 날마다 파란만장
〈

조가비에 찢긴 발의 상처에서
어미가 쏟아진다

사랑니
– 봄

짧은 음절로 속속 터져 나오는
풋, 풋, 풋 하는 입술도
푸른 물 도는 물푸레잎이다

연하게 번지는 분홍이 터질 듯
고요한데
그 속에 비치는 인연 하나

아득히 달려와
젖은 내용을 꺼내기도 전에
자욱한 폭발
분홍빛 산산이 흩어진다

냇물에 떠내려가는
신발 한 짝을 따라가며
발을 동동 구르던

물풀 같은 그리움의 잠재태*
사랑니로 솟아

욱신욱신 봄을 앓는다

* 현실화되지 못한 질료.

ADHD
— 교실일지 7

"왜, 내가 풀 수 없는 문제를 냈냐구요?"
아이가 시험을 치르다 소리를 지른다

감정을 조절하지 못하는 아이는
화난 박쥐처럼
휙휙 교실을 날아다닌다

소란 속에서도 친구들은
시험 문제를 풀고 있다

바짝바짝 피를 말리는 마魔의 10분
아이의 화가 가라앉는 시간

불잉걸 하나씩
아이의 눈동자에서 빠져나간다
불타오르는 몸과 싸우는 아이는
늘 문법 밖에서 크게 운다

서툰 글씨로

죄송하다는 편지를 건네고
가는 아이

나는 무엇을 할 수 있는가

오징어

집어등 불빛에 홀려
그는 어느 선창에서 운명을 풀었다

덕장의 갯바람에
압축된 슬픔은 오히려 숙성되어

분홍빛 살에
하얀 분까지 돋은
쿰쿰한 체취도 그럴싸했다

이글이글한 숯불에
납작한 몸을 말아서 구르다가
어차피 생은 오징어 게임이라
숨을 놓는다

중년의 사내들이 나를 안주 삼아
찌든 오늘을 갈가리 찢어
질겅질겅 씹는다
〈

캬~
술잔을 부딪치며 혀가 말리도록
불온이 불온을 마시는 밤

처음처럼 * 처음처럼 살아야지
처음으로 돌아간
물컹한 오징어가 뼈 있는 말을 한다

* 소주 이름.

실뜨기 놀이

몇 광년 떨어진
다른 별에 사는 그를 불러
실뜨기 놀이를 한다

'왜, 그리 말이 없었느냐고
미안했었다'고
손으로 건네고 받는다

손가락에 걸린 실이
어미 소의
깊은 눈으로 글썽인다

엄지와 검지로
저녁을 뒤집으면
반짝, 별이 뜨는 마법의 무늬

라푼젤 증후군*처럼
긴 머리카락으로 자라는
〈

흉터 같은 버튼을
수없이 누르고 싶었다

메타세쿼이아 줄느런히
서 있는 길을
방부제 같은 슬픔이 함께 걷는다

* 자신의 머리카락을 반복적으로 삼키는 질환을 말함. 동화 속 긴 머리의 공주 '라푼젤'에서 유래됨.

내 이름을 부르며

겨울밤 올빼미 울음이
팽나무 가지에 오옵, 오옵
옷가지로 걸린다

꿩 꿩 꿩…
장끼가 쫓기듯 달리며
말줄임표 같은
울음을 급하게 찍는다

평생 제 이름을 부르다 가는
새처럼
내 이름을 풀어놓은
내 시를 읽으며
가슴이 뜨거워질 때가 있다

시의 숲에서 길을 잃었다
나뭇가지에 뿔을 걸고 있는
영양*은 보지 못하고
끊어진 양의 발자국만 찾다가

〈
답답한 내 이름을 부르며
꼭 들어맞는 말 하나 찾아
온 숲을 헤맨다

* 산양의 일종. 맹수와 사냥꾼의 추적을 피하려고 나무에 뿔을 걸고 매달려 잠을 자는 생태적 특성이 있음.

쓸개가 아프다

양파처럼 희고 야무진 여자가 있다

맵짜고 정갈한
그녀의 손맛이 흰밥 위에 놓인다

양파의 비늘을 벗기는
그녀가 정색하며
—내 어쩌다 모진 놈에게 쓸개를 잡혔지만
내 인생도 마지막 한 방은 남아 있겠지요

간절함은
서릿발 위에 떠 있는 보리순 같다

식당 일에 이골이 난 여자가
궤도를 벗어나
다른 별과 교신 중이다

김

'밥 묵었나?
밥 묵었나?'
성가시게 묻던 그 말이

김을 구울 때마다
귀 안에서
바스락거린다

밀물이다
첫아이 때
젖 돌 듯
가슴이 아릿하다

적갈색, 통증을 다스리다
─혓바늘

가시연 바늘이 돋았다

흰 꽃잎 한 장
제 살 뚫고 올라와
붉은 이파리에 앉았다

어설픈 결기 하나 가시로 돋아
혀끝을 당기니
맛의 지문은 지워지고
무딘 말은 사랑의
고백처럼 어눌하다

혀와 이빨은
서로 밀고, 갈고 감으며
긴밀히 움직이는데

어금니가 상처 난 혀끝을
사정없이 밟는다
자해와 적의로

입속은 뜨거운 불구덩이

알보칠* 톡 쏘는 신맛으로
불을 다스린다
얼얼하게 남는 흔적
적갈색 부적符籍이 힘을 발휘한다

결기는 주저앉고 흰 꽃잎이 진다

* 구내염 치료제.

스타킹

탱탱하게 부은
무거운 다리가
가을무처럼 쑥 뽑힌다

온종일
풀숲을 헤매다 온
뱀 두 마리

오늘의 허물이 맥없이 눕는다

구본창*의 흑백사진

바닥에 깔린 슬픔이 목을 뺀다

은유의 시가 출렁이고
흑백의 그림자에 아픔이 인화된다

격랑은 휘몰아치고

고단한 삶 앓이에
목탁을 치듯 두 손바닥을 친다

꼭 쥔 손금을 타고
내 발자국을 따라온 죽음도
같은 속력으로 달려왔다

이 담백한 철학 앞에

마지막 손뼉소리
탁!
합죽선合竹扇이 접힌다

* 사진작가.

4부

저들은 법을 논하지 않는다

저 날벌레의 집은
강력한 입법체
法의 낱자들이 분주히 잉잉거린다

설을 맞는 것처럼
집 한 덩이가
온 통으로 들썩인다

'오직 제 일에 충실한' 불문의 법
꿀벌 한 마리는
계보를 지키는 꿋꿋한 파수꾼이다

달달한 꿀은
누대의 내력을 이어가는
마법의 영약

고래 심줄 같은 질긴 힘으로
혈연을 지키는
저 법엔 이유가 없다

위치 이동

봄비 꼬리를 잡고
일곱 살 아이가 집을 나선다

발그스름히 파스텔로 번지는 앞산을
날다람쥐처럼 누비는 아이들
분홍을 따먹은
입이 시퍼렇다

진달래 무더기무더기 조잘대는
비탈진 오솔길이
저만큼 앞서서 내려간다

할머니,
앞산 진달래가 발이 있어
걸어오는구나

세상을 열기도 전에 스며든 빛깔

분홍에서 시작된 날은 흐르는 것일까

오르는 것일까
위치의 동선을 따라가면

따옴표에 묶인
꽃가지들이
나를 데리고 길을 나선다

악연이다

네가 단풍을 안다고?
가을까지 살아남은
여름벌레는 눈물겹지만

우리 이토록 가까운 사이였나
베갯머리에서 연신 앵앵거린다

고향 집 마당
모깃불 앞에서 만났다고
지도 그곳이 본적이니
같이 살자며 우긴다

악연이다
팔을 휘두르며 공중전을 벌이다
잠시 휴전,
또다시 내 얼굴에
앵 ~ 암팡진 울음이 덮친다

초복에서 상강을 넘어온 명줄

끊든지 살리든지
맘대로 하란다

불길이 횡행하는
밤이
아래로 훅 떨어진다

뒤숭숭한 잠 속
희끗희끗 완장을 찬 놈이
긴 악연의 꽃을 내리꽂는다

침묵 계산

추위는 소금물처럼 무겁게 앉는다

검은 뼈마디로 남은 나뭇가지에
침묵 한 덩이
비둘기 하나 골똘하다

작은 몸 어디에
누구도 모르는
열 발전소 하나 숨기고
이 겨울 속으로 드나 보다

서릿발 돋은 등굣길
아이가 맨발로 동동 간다

새는 조반을 먹었을까
겨울 속으로 들어간
아이는 신발을 구했을까

창문 너머

새의 침묵을 계산하다가
언 발로 걸어간
아이의 길을 더하기 빼기 하다가

'그냥 견뎌내는 것'이라
답을 얻는다

따스한 아침 햇살을 저들에게 보낸다

적막의 손이 따갑다

수풀 속 동굴이다
영정을 뒤따른 눈물들이 크게
'열려라, 참깨' 외쳤다

담쟁이는 용을 쓰며
움켜쥔 대문을
쉽게 열어주지 않는다

적막이 청포묵처럼 엉긴 마당
울음소리 먼저 길을 내며
집으로 들어선다

이제야 오니
밀랍에서 빠져나오듯
뻐꾸기시계가 눈을 흘기다가
참았던 울음을 와르르 쏟는다

'두 분 만나셨으니
손잡고 반가우시겠다'

낯익은 모퉁이 따라 도는데

무성한 도깨비바늘이
따가운 손으로
진즉 한 번 오지 그랬냐며
치마를 붙잡고 질기게 나무란다

목각인형
― 쥐 난다

난데없이 내 몸에 들어온
생쥐 한 마리
빈집의 울음으로 찍찍거리며
그녀의 시간이 온다

앗, 냅다 비명을 지르며
종아리 움켜쥐던 그녀

그놈이
내 종아리에 들어와
야무지게 살림을 차린다

발목을 치켜세우고 소리 지르면
어느새 놈은
어깨를 거머쥐고 나 잡아 봐라

책상 앞에 앉으면
생각 속으로 먼저 기어들어
나 여기 있지 글머리 물고 늘어진다

〈
보이지 않는 손의 조종에 따라
오른쪽, 왼쪽, 위아래로
연신 뛰고 솟는
나는 프라하의 슬픈 목각인형

신경줄을 타고 내닫는
놈을 잡으려고 기를 쓰지만
허공의 깊이를 잴 수 없는 피노키오

닿을 수 없는 손발을 허우적거리며
오늘도
찌르르 내닫는 생쥐 한 마리 쫓는다

몸 하다*

달은 여자가 지닌 오래된 시계
여자는 달력을 보지 않는다

제 몸이 달의 리듬이니까

생겨나고 차고 이울어지는
흐름은

여자의 속으로 들었다가
우주에 가닿는다

비밀한 흐름에
오직 순응하는 몸은
달이 다녀가는 내밀한 집

배릿한 알 하나
어둠 속에 몸 붙인다

어머니는

날 더러 순풍순풍 자식 낳고
둥글둥글 잘 살기를
달 보고 빌었다

* 월경을 하다.

사과
―빨강

빨강은 천천히 먼 우주에서 온다

그 길은 길어서 기다림이다

가지 끝에 달린 하얀 손들이
소문처럼 번지고
나비의 길도 나부끼며 온다

열매 채워지는 소리는
별이 흘러가는 소리

작달비 내리고
가는 손은 힘주어 여름을 움켜쥔다

해의 테두리를 털어내며 입자로 날아온
빨강이
사과의 뺨에 부끄러운 듯 앉고

허공은 바람에 동글동글 사과를 구워낸다

〈
태양을 닮아가는 열매가 말을 한다

'이제 뜨거운 시간을 통째로 드릴게요
당신의 심장으로 들어가고 싶어요'

한 생애가 물씬 익으면
다디단 맛이 난다

수국이면 좋겠다

천 개의 입술이 물을 머금고 달싹거린다
쏟아질 듯
유월의 옆구리가 휘청거린다

연두였다 분홍이었다
파랑으로 멍이 드는
그리움을 다발로 묶은 연서가 핀다

더미더미 피는 꽃을
당신에게 실어 보낼 나귀를 찾는다

차마 꺼내지 못하는
사랑 한 줄이
신병神病처럼 덩굴손으로 오르는

수국 그늘 앞에 우두커니 섰다

하고 싶은 말
간절히 쟁였다가

일 년에 한 번씩 뜨겁게 쏟아내는
수국이면 좋겠다

환절기 목감기로 오는

편도선염 같은 햇살은
담채로 연해지고
너를 앓는다

다가섬도 멀어짐도 바림*으로 스러진

손톱 속 흰 달로 차오르는
흔적을

넘길 수도 꺼낼 수도 없어
음, 입술소리로 머금었다
또르르 굴려
네 생각 한 방울 빚어서 삼킨다

환절기로 읽는

목이 부어
차마 다 넘기지 못하는 이야기

* 색깔을 칠할 때, 한쪽은 짙게 하고 반대쪽으로 갈수록 점점 옅게 나타내는 표현.

수련원 첫날
― 교실일지 8

사람은 풍경의 지배를 받는다

깊이를 가늠할 수 없는
투명 앞에 서면
물고기처럼
그 속으로 텀벙 뛰어들고 싶다

한 아이
숙소에 도착하자마자

눈앞에 펼쳐진 초록을 향해 냅다 돌진,
유리문을 뚫었다

와장창, 투명이 날을 세우며 파편으로
쏟아진다

투명을 통과한 비싼 값으로
붉은빛 낭자한
어린 새가 젖은 날개를 파닥인다

〈
치명은 때때로 투명으로 유혹한다
멈칫거리지 말고
내 속으로 어서 들어와

거머리처럼 달라붙은 기억은
이따금 강박증으로 오기도

연필로 그리는 여름

휘파람새 앉았다 가는
팽나무에
큰 귀 걸려 있다

작은 물고기 떼로 파닥거리는
바람의 연못

온몸이 귀가 되어
발돋움으로
먼 소식을 기다리는
잿빛 그림 속에

여름볕처럼 문득 왔다가 떠난
무채색을 뚫고 나온 시린 얼굴이
어리연꽃으로 핀다

그리다가 지우다가
더욱 또렷해지는
〈

거센 바람에 날아가 버린
못다 한 말이
푸른 귀로 달렸다

■□ 해설

나무의 말씀과 우주목
그리고 신화적 상상력

서안나

(시인·문학평론가)

"정원은 나에게 무한히 많은 것을 준다. 지난 수년 동안 밤낮으로, 매 시간 마다 모든 계절과 모든 날씨 속에서 정원과 나는 친밀해졌다. 그곳에서 자라는 모든 나무의 잎사귀들과 그들이 꽃피고 열매 맺는 모습은 물론, 생성하고 소멸해 가는 모든 과정도 나는 이미 잘 알고 있었다. 그 모든 것들이 내 친구였다." -헤르만 헤세, 『정원 일의 즐거움』 중

1. 새생 모티프로서의 나무와 순환과 생명성

문영하 4번째 시집 『네 시 반 창문 너머』는 자연과 인간, 우주와 생명의 관계를 연속과 순환의 관계로 인식하는 사유의 궤적을 보여주고 있다. 문영하 시인의 시 세계를 살펴보면, 이미 첫 시집부터 4시집까지 순환론에 천착

하는 심도 있는 시 세계를 지향하고 있다. 이번 네 번째 시집 역시 심화된 순환론적 사유를 통해 완성도 높은 시 세계를 독자에게 선보이고 있다.

해설 첫머리에 인용한 헤르만 헤세의 『정원 일의 즐거움』의 내용처럼, 문영하의 시 세계가 지향하는 사유의 궁극적 여정은 자아 성찰과 확장에 있다. 이때, 시적 화자가 성찰이라는 존재론적 차원을 희구할 때, "나무"라는 대상은 중요한 비중을 차지한다. 문영하의 시 세계에서 나무는 "죽음"과 결합하여 재생의 이미지로 형상화하거나, 우주목으로 과거와 현재가 주름져 압축된 신화적 공간 탄생을 함의하며, 이를 통해 자아 성찰의 매개로까지 기능하고 있다. 이처럼 시집에서 나무의 다양한 변주는 곧 자아와 우주가 하나가 되고, 개별적 삶은 전체적 질서와 조화를 이루는 우주적 몸으로 확장하고 있다.

문영하 시집에서 중요한 역할을 하는 '나무'는 봄의 새잎과 여름의 꽃과 가을의 열매와 낙엽의 과정을 통해, 자연의 순환성을 여실히 보여주는 대상이다. 나무가 보여주는 일련의 과정은 곧 인간의 삶과 죽음의 처연한 은유이기도 하다. 나무는 단순한 생명체를 넘어 죽음 이후의 재생, 즉 영원한 순환과 희망의 메시지 또한 담고 있다. 특히, 문영하의 시 세계에서 "나무"가 죽음 이미지와 결합할 때, 죽음은 재생의 이미지로 확장되고 있다. 이는 죽음이 새로운 존재로의 이행 과정이며, 이는 존재와 현상이 고정된 실체가 아닌 변화하는 관계망으로 파악하고 있다는 징표이기도 하다.

 헤르만 헤세 역시, 나무를 "삶의 한 전범"이자 "인간이 자연과 교감하고 소통하는 핵심 매개"로 보았다. 헤르만 헤세는 "나는 무한히 흩어질 것이다. 그리고 내 유해는 또 다른 무언가가 될 것이다. 나는 아마도 다시 태어나 새로운 삶을 시작할지도 모른다."라는 구절로, 윤회와 관련한 순환적 세계관을 통해 죽음을 명징하게 성찰하고 있다. 이처럼 문학작품에서 나무는, 고독과 자기완성 그리고 내면의 품격을 추구하는 인간 존재의 성찰적 모델임을 시사하고 있다.

 헤르만 헤세의 나무에 관한 성찰과 죽음에 관한 순환론적 사유는, 문영하의 이번 시집에서도 유효하다. 문영하의 시집에서 나무는 생명의 순환과 재생을 통해 자연의 연속성을 상징하며, 재생 모티프와 우주목과 신화적 공간 그리고 자아 성찰의 매개로 작동하고 있다.

  노각나무 그늘에서 철을 만난
  매미들이

여름을 한마당 감아올린다

마구 쏟아지는 땡볕을 겁 없이
받아내던 칠월이
비늘 같은 울음으로 일어나
맴 맴 맴

노각나무 흰 꽃이 아기 손만 한
눈물방울로 툭 툭 떨어진다

−여기, 매미가 누워 있어요
꿈쩍도 안 해요

죽었구나
−매미는 왜 죽어요?
−제 할 일이 끝났으니까
살아 있는 것들은 언젠간 다 죽어

그 아이, 손사래 치며 항거하듯
−그래도 나는 죽기 싫어요
〈

> 아이들이 나무로 죽음을 싸서
> 칠월의 씨앗으로 묻는다
>
> —「칠월」

 이 시는 '매미'의 죽음에 관련한 아이들과 시적 화자 간의 대화로 시가 전개되고 있다. 시에서 등장하는 칠월의 뜨거운 여름 풍경과 매미 울음소리는 '철을 만난' 생명 절정의 순간을 노래하고 있다. 매미의 "비늘 같은 울음"과 "맴 맴 맴"이란 리듬감의 반복이 생의 활력을 탄력적으로 부각하고 있다. 그런데 아이의 질문을 통해, 매미의 울음이 죽음의 예고라는 이중적 메시지 역시 담고 있어, 시의 애상적 정조를 강화하고 있다.

 시에서 눈길을 끄는 점은 죽음을 바라보는 시적 화자의 태도이다. 시적 화자는 매미의 죽음을 새로운 생명 탄생과 연결 짓고 있다. 특히, 아이가 "매미는 왜 죽어요?"라는 질문에, "제 할 일이 끝났으니까"라는 시적 화자의 대답은 비범하기까지 하다. 불교적 업(業)과 인연(因緣) 사상, 즉 존재의 목적과 순환적 완결을 드러낸다. 이때 "매미"의 죽음은 부정적 정서 대신, '할 일을 다 한' 우주의 질서와 순리에 순응하는 태도를 표방한다.

 "아이들이 나무로 죽음을 싸서/ 칠월의 씨앗으로 묻

는다"에서도 "나무로 죽음을 싼다는" 내용은, 죽은 매미의 몸이 새로운 생명 탄생으로의 확장성을 지닌다는 점을 강조한다. 죽음이 곧 또 다른 존재의 탄생 지점이며, 자연과 인간의 삶이 순환적 흐름의 연속성을 강조하는 인식은, "영원회귀"의 원리와도 맞닿아 있다. 이는 서양의 비극적 죽음관과 달리, 동양적 죽음관이 지닌 순환·재생의 긍정성을 드러낸다. 시인은 죽음과 삶, 끝과 시작이 자연의 질서 속에서 유기적으로 연결되고 있음을, 천진난만한 아이의 질문 방식으로 강조하고 있다. 시의 후반부에 등장하는 "살아 있는 것들은 언젠간 다 죽어"라는 시의 구절 역시 불교의 좌선에서 행하는 화두와도 같다. 이 문장은 이번 시집 한 권의 작품들을 꿰는 뼈대와 같은 진술로도 읽을 수 있다.

    그녀를 뒷산에 두고 망연히 앉았다
    불현듯 내 앞에
    11월, 때늦은 노랑나비 한 마리
    팔랑거린다

    시누대 숲에 숨었다 날았다
    나풀거리는 쪽지

〈

저 현현한 혼령이

휑하게 나를 빠져나간다

'죽음은 소멸이 아니라 옮겨감'이라

생생히 전하며

팔랑팔랑

내 눈동자 속을 날아간다

-「11월의 나비」

「11월의 나비」 역시, "죽음은 소멸이 아니라 옮겨감" 등의 구절을 통해 불교적 윤회와 동양적 순환관의 핵심적 사유를 강조한다. 시에서 노랑나비는 "그녀"의 혼령이며, 그녀가 나와 아주 친근한 사이임을 알 수 있다. 시적 정황상, 그녀는 시적 화자의 어머니로 유추된다. 시적 화자가 십일월이 초거울, 어머니의 무덤에서 우연히 섭한 '나비'는, 죽은 이가 산 자에게 보내는 하나의 메시지인 셈이다.

  11월이란 계절에 흔치 않은 나비의 출현이기 때문이다. 이때 시적 화자에게 나비란 어머니의 혼령이 보내오는 메시지의 상징이며, 새로운 존재로 재탄생한 어머니와의 조

우이기도 하다. 나비와의 대면을 통해 어머니의 죽음이 또 다른 존재로의 이행이라는 인식의 정황을 드러낸다. 이와 같이 시에서 죽음이 존재의 변환이며, 인연의 연속성과 우주적 순환 속에서 또 다른 생명 혹은 또 다른 형태로 이어지는 과정으로 발현하고 있다.

"나풀거리는 쪽지", "내 눈동자 속을 날아간다"에서도, 불교적 인연론과 연결되고 있다. 이 시는 동양적 윤회관, 특히 불교적 '이생과 저승의 연결'을 나비를 통해 죽은 이의 혼이 시공간을 넘어 현현했음을 이미지화하고 있다.

    주소를 옮겼다
    장롱이 된 회화나무

    소용돌이치는 갈색 흉터
    제 몸에 흘러간 상처를 펼친다

    바람의 손아귀에 머리끄덩이 잡히던
    생존의 몸부림은
    온몸을 휘돌아나가고
    새는 포르르 날아갔다

〈
저 통증의 흔적이 이리 아름다운 건
종단의 긴 고통을 완주한 때문이다

하늘의 펌프질에 거꾸로 흐른
물의 신전
중력을 거스른
힘의 비밀이 꿈틀거린다

나무의 무덤에 얼굴을 대면
시절을 견뎌낸
아픈 살냄새가 난다

— 「나무의 무덤」

「나무의 무덤」에서는 회화나무가 죽음을 통해 장롱으로 재탄생하는 과정을 통해 농양적 순환관을 형상화하고 있다. "회화나무"가 물리적 죽음 이후 또 다른 존재(장롱)로 순환의 고리를 지속하는 과정의 관찰과 인식에서 순환론의 전형을 보여주고 있다. "저 통증의 흔적이 이리 아름다운 건 / 종단의 긴 고통을 완주한 때문이다"와 "소용돌이치는 갈색 흉터 / 제 몸에 흘러간 상처를 펼친다"에서도, 고통과 상처 그리고 죽음이 오히려 순환과 재생의 힘의 원천이라는 동양적 순환론의 사유를 내장하고 있다.

    파도에 휩쓸렸다

    죽음의 손을 잠시 잡았던 나는
    거짓 같은 내 몸을 붙잡고 살고 있다

    헛것처럼 스쳐 간
    죽음이 알려준 파랑의 깊이

    나를 부르는 희미한 소리 있었다

    아득히 눈을 떴을 때
    하늘엔
    새떼들이 먹먹히 날아가고 있었다

    잠이 들면
    아직도 파랑의 물속이다
    파랑이라고 쓰면

젖은 손이 내 이마를 쓸어 주었다

파랑에서
나는 얼마나 걸어 나왔나

스스로 깊어져
물이 되고 하늘이 되는

고요한 파랑 속에 잠긴다
한 번 죽은 내가
그 속에 살고 있다

―「파랑」

　이렇듯 문영하의 시 세계에서 죽음은 중요한 핵심 키워드 중이 하나이다. 파랑이라는 시는 왜 시적 화자가 죽음을 순환론적으로 인식하는지, 그 연원을 살필 수 있는 작품이다. 문영하의 시 세계에서 죽음이 가변적인 존재로의 이행이라는 인식은, 시적 화자의 죽음 체험에 기인한다. 어린 시절 자칫 익사할 뻔한 죽음 체험은 '파랑'이라는 색채 이미지로 구현된다.
　"죽음의 손을 잠시 잡았던 나는 / 거짓 같은 내 몸을 붙잡고 살고 있다"는 구절에서도, 죽음의 경험을 담고 있다. "파랑에서 /나는 얼마나 걸어 나왔나 / 스스로 깊어져 / 물이 되고 하늘이 되는"과 같이, 시적 화자가 죽음의 심연을 통과하며 자연과 일체가 되고, 순환의 흐름 속에서 새로운 존재로 거듭남을 의미하고 있다. "한 번 죽은 내가 / 그 속에 살고 있다"는 윤회적 자각. 동양적 순환론에서 죽음은 새로운 탄생과 변환의 과정이며, 나라는 존재는 자연과 우주, 시간의 흐름 속에서 끊임없이 연동되며 변화한다. 는 다음의 시에서도 목도할 수 있다.

2. 우주목과 신화적 공간

    동작 그만
    기호에서 풀린 멈춤이 날아다닌다

    할아버지 콩 타작 한 마당 거두고
    백타원(白楕圓) 뜨거운 의지 한아름
    감나무 그늘에 실려 나간다

    출구는 입구

시작과 끝이 함께 흐른다

길이 되어 나갔다 다시 돌아오는 기척

맴놀이로 온다

흐르는 기운은

이온$_{ion}$처럼 내 울음 속으로 들어와

뒤척인다

그날이 겹겹 포개진 마당에

알에서 깬 내가 섰다

쏟아지는 별을 헤다

화살 한바탕 쏘아 올리며

그 살을 따라갔다 다시 돌아오는 곳

이길 수 없는 힘과 싸우며

간절한 발자국으로 자박거리던

사각의 공간을

담장이 뭘 하나 기웃거린다

-「마당」

박달나무 책상 앞에서

아버지 생각에 잠기던 방

(중략)

고요하고 평안한 나의 샴발라^{**}

- 「노랑」 부분

미르체아 엘리아데(Mircea Eliade)는 "우주목"(세계목, axis mundi)이란 개념을 통해 시에서 나무의 "상징적·철학적 역할을 깊이 해석할 수 있는 틀을 제공하고 있다. 엘리아데는 "우주목"이란 천상, 지상, 지하를 연결하는 세계의 중심축이며, 하늘과 땅, 그리고 저승을 잇는 통로이자 만물의 소통이 이루어지는 '중심'의 상징이라고 강조했다.

위의 시 「마당」에서 "감나무"가 바로 엘리아데가 강조하는 "우주목"의 기능을 하고 있음을 알 수 있다. 감나무가 자라는 마당 또한 범상치 않다. 시에 등장하는 마당은, 조부인 할아버지가 콩 타작을 하던 삶의 일상 공간이다. 또한 소설 "백타원"을 집필한 소설가 아버지의 작업 풍경이 새겨진 곳이기도 하다. 그리고 시적 화자까지 한 가계의 삼대에 걸친 삶과 역사가 오롯이 기록된 곳이기에 마당은 하나의 신화적 공간이라 할 수 있다. 마당은 과거와 현재의 시간이 압축되어 마치 주름처럼 혹은 지층처럼 역사가 직접 이루어진 곳이다.

이 마당에서 조부는 "콩 타작"을 하고, 아버지 역시 이 마당을 바라보면서 소설 창작의 "뜨거운 의지 한아름"을 불태우던 집필 공간이었다. 그렇기에 마당에 심어진 감나무는 단순한 자연물이 아니라, 그 그늘에 면면이 "흐르는 기운은/이온$_{ion}$처럼 내 울음 속으로 들어와/뒤척"이고 "그날이 겹겹 포개진 마당에/ 알에서 갓 깬 내가" 서 있는 초월적 공간이 된다.

이와 같이 마당의 감나무와 감나무의 그늘은, 한 가계의 삼대의 인물들의 "그날이 겹겹 포개진 마당"의 서사로 가득 찬 독특한 신화적 공간을 재탄생하고 있다. "감나무 그늘"을 통해 이승과 현생 그리고 나무 밑의 지하와 지상을 이어 주는 세계의 중심축 역할을 하고 있다. 이는 감나무가 하늘과 땅, 그리고 저승을 잇는 봉오이자, 만물의 소통이 이루어지는 '중심'의 상징으로 기능하기 때문이다. 감나무는 엘리아데의 우주목처럼 "출구는 입구/ 시작과 끝이 함께 흐"르는 신화적 속성을 지닌 상징적 대상으로 재해석되고 있다.

「노랑」에서도 아버지가 소설 창작 의지를 불태우던

"박달나무" 책상을 조명하고 있다. 이처럼 나에게 감나무 그늘은 조부와 아버지의 젊은 시절이 기록된 "되돌아가고 싶은/ 고요하고 평안한 나의 샴발라"이다. 샴발라는 "단순한 지리적 장소가 아닌 완전한 깨달음과 평온한 마음의 상태. 혹은 불교 수행자들이 내면에서 찾는 이상향"으로 하나의 유토피아로 기능한다. 또한, 감나무는 마치 우주목처럼 과거와 현재를 잇는, 샴발라처럼 신성한 세계와의 교감, 우주적 질서와의 합일을 상징하는 매개물로 기능하고 있다.

특히, 시적 자아가 감나무를 통해 내면의 깊이와 우주적 질서, 그리고 삶과 죽음의 순환을 성찰하는 과정은 엘리아데의 우주목 개념과 긴밀히 연결되고 있다. 시의 나무는 존재의 근원에 닿으려는 인간의 본능적 욕망과, 경계를 넘어서는 인식의 확장을 상징한다. 즉, 시에서 나무는 현실과 초월, 일상과 신성, 유한성과 무한성을 잇는 상징적 축으로 기능하며, 이를 통해 시인은 자기 성찰과 세계 인식의 지평을 확장한다.

"길이 되어 나갔다 다시 돌아오는 기척 / 맥놀이로 온다"에서 '길'은 선형적 이동이 아니라, 원환적圓環的 순환의 구조를 갖는다. "이온ion처럼 내 울음 속으로 들어와 뒤척인다"는 자연의 에너지와 인간 감정의 상호침투를 보여준다. 즉, 인간의 슬픔과 자연의 흐름이 분리되지 않고, 마당이라는 장소에서 하나로 뒤섞인다.

"알에서 깬 내가 섰다"는 자기 탄생의 원형적 장면이며, "쏟아지는 별을 헤다/ 꿈 한바탕 쏘아 올리며/ 그 살을 따라갔다 다시 돌아오는 곳"은 우주적 질서와 인간의 삶이 동일한 순환 구조임을 암시한다. 마당의 담장은 열린 경계, 곧 순환적 세계관의 상징이다.

이 시의 "출구는 입구/ 시작과 끝이 함께 흐른다"는 구절은 동양적 순환론의 본질을 드러낸다. 마당이라는 공간은 가족의 삶, 세대의 흐름, 시간의 겹침이 모두 순환적으로 이어지는 장이다. "길이 되어 나갔다 다시 돌아오는 기척 / 맥놀이로 온다"는 표현은, 모든 존재와 사건이 순환적으로 되돌아옴을 암시한다. "알에서 갓 깬 내가 섰다"는 자기 탄생의 순간과, "쏟아지는 별을 헤다 / 화살 한바탕 쏘아 올리며 / 그 살을 따라갔다 다시 돌아오는 곳"은 우주적 순환과 인간의 삶이 하나로 연결되어 있음을 보여준다. 동양 시학에서 자연과 인간, 삶과 죽음, 시작과 끝은 모두 단절이 아니라 유기적 순환의 일부로 이해된다.

결국, 엘리아데의 우주목은 시에서 나무가 단순한 시적 소재가 아니라, 존재론적 중심이자 초월적 소통의 매개체, 그리고 자기 성찰과 인식의 전환을 촉진하는 상징적 장치로 작동하고 있다. 또한, '마당'은 동양적 공간관에서 집과 자연, 일상과 우주를 잇는 경계적 장소이다. 시의 도입부 "동작 그만 / 기호에서 풀린 멈춤이 날아다닌다"에서도 시간의 정지와 해방, 즉 일상적 질서의 일시적 중단을 암시한다. "출구는 입구 / 시작과 끝이 함께 흐른다"는 구절은 동양적 순환론의 시간관을 직접적으로 드러낸다. 이때 마당은 단순한 생활공간이 아니라, 세대와 시간, 삶과 죽음이 겹겹이 포개지는 '순환의 무대'이다.

이와 같이 문영하의 4 시집에서 "나무(그늘)"은 단순한 자연 사물의 차원을 뛰어넘어, 인간 존재의 중심성과 초월적 욕망이 기입되고, 과거와 현재가 압축되어 주름처럼 겹쳐진 신화적 공간으로 형상화하고 있다.

3. 자아 성찰의 매개로서의 나무

그 교실 풍경이 나를 따라다닌다
1학년을 맡은 어느 해 5월, 장학지도를 나왔다
벨이 울리고 수업을 시작하려는데 자리 하나가 비었다

어디로 갔을까. 아무리 찾아도 아이는 없다

벌집 쑤셔 놓은 듯 교실은 와글와글 난장판.

그때 창문 밖 단풍나무 가지에 비둘기처럼 앉은 아이가

"여기요. 여기서도 선생님이 잘 보여요"

교실에서 교실을 밀고 나간

아이는

담임이 보이는 단풍나무까지가 교실이었다

거침없이 시공간을 끌고 다니던 아이는

장애물 경기 같은 이 세상을

어떤 이야기로 건너고 있을까

- 「단풍나무 교실 – 교실일지 1」

　「단풍나무 교실 –교실일지 1」은 오래도록 독자들의 가슴에 남을 아름다운 작품이 될 것이다. 문영하 시인이 약 30여 년간 교육자로서의 삶을 살아왔기에, 시인이 직접 체험한 사건으로 보인다. 장학지도를 앞둔 초등학교 교실에, 어린 학생 한 명이 갑자기 사라졌다. 그런데 시적 화자의 속 타는 마음과는 달리, 아이가 발견된 곳은 엉뚱하게도 교실 밖에 서 있는 단풍나무 위였다.

아이의 동심이 만든 헤프닝을 통해, 시적 화자는 "교실에서 교실을 밀고 나간 아이는 담임이 보이는 단풍나무까지가 교실이었다"라고 진술하고 있다. 이 진술은 공간의 경계와 사물의 의미가 유동적으로 확장될 수 있음을 환기한다. 아이가 올라간 '단풍나무'는 교실의 경계와 교사/학생 관계의 본질을 재구성하는 매개 개념으로 작동하고 있기 때문이다. 즉, 타자와 공간과 의미의 경계가 끊임없이 재구성되는 인식의 확장을 제시하고 있다.

이러한 인식의 확장은 가다머의 해석학적 순환(hermeneutic circle) 이론으로도 설명할 수 있다. 가다머는 "부분과 전체의 상호작용을 통해 의미가 끊임없이 재해석 된다"고 보았다. 시적 화자는 아이의 돌발적 행동(교실 밖 단풍나무로 나감)을 통해, 기존의 교육적 질서와 공간 개념이 해체되고, 새로운 의미의 세계가 열린다는 인식 정황을 이미지로 드러내고 있다. 요컨대, 이 시는 단풍나무라는 자연물이 자아 성찰의 매개 개념이 되어, 시적 자아가 자신의 내면과 세계를 새롭게 인식하고, 고정된 질서와 경계를 넘어서는 인식의 확장을 실현하는 과정을 문학적으로 구현하고 있다.

뇌성마비를 앓은 아이의 시험지는 전쟁이 훑고 간 들판
이다
　　무두질이 끝난 가죽처럼 후줄근한 시험지 위에 땀과 침
으로
　　얼룩진 슬픔이 화살나무 갈기로 돋는다

　　빨간 색연필이
　　어눌한 몸이 그린 해답을 보물찾기하듯 샅샅이 찾는다
　　홀떡 벗어 던진 옷가지처럼 1번의 답이 2번의 문항에 날
리듯
　　걸려 있고, 3번 4번 5번의 답이 서로 엉켜 여기 함께 있
다고
　　소리친다. 끈 떨어진 풍선으로 시험지 귀퉁이에 매달린
주관식
　　답이 발을 구르며 구원을 요청한다

　　괄호는 맞추기 어려운 과녁, (　)에 답을 넣기 위해 사
투를
　　벌인 흔적을 따라가는 점수는 대부분 90을 넘는다

　　날개가 있어도 날지 못하는 화살나무

옆구리에 화살을 끼고
덜 마른 점토 인형이 흐느적흐느적 느리게 간다
손과 발이 각각 따로 움직이는
물렁한 저 몸에다 반듯하게 각을 넣어본다

색연필이, 화살나무잎처럼 발갛게 젖는다.
  － 「화살나무 – 교실일지 5」

「화살나무」는 "교실일지 5"라는 부제를 달고 있다. 아마도 시적 자아의 원체험이 시적 모티프임을 알 수 있다. '화살나무'는 몸이 불편한 학생이 작성한 시험지를 통해 자아 성찰과 인식의 새로운 확장적 태도를 보여주고 있는 작품이다.

교사인 나는 "그 교실 풍경이 나를 따라다닌다"라는 회상적 진술을 통해, 과거의 한순간이 현재의 인식에 지속적으로 영향을 미치는 정황을 고백하고 있다. 이는 "체험의 반복적 재구성"과 맞닿아 있다. 밴 매넌(Van Manen)은 "체험자가 자신의 과거 경험을 회고할 때, 단순한 사실 기술이 아니라 그 경험이 내면에 어떻게 반영되고 변형되는지를 서술하는 것이 중요하다"라고 강조한다.

이 시에서도 시적 화자의 과거 경험 회상이, 교사로서

의 역할, 교실이라는 공간의 의미, 학생과의 관계의 틀을 새롭게 성찰하는 계기로 작동하고 지속적으로 영향을 미치고 있다. 단풍나무의 "거침없이 시공간을 끌고 다니던 아이는 장애물 경기 같은 이 세상을 어떤 이야기로 건너고 있을까" 역시, 아이의 자유로운 움직임과 상상력이 기존의 질서와 규범을 넘어서는 시적 화자의 인식 변모와 확장을 보여주고 있다.

　이 두 작품 모두 탁월한 시적 성취를 보여주고 있는 작품이다. 두 편의 시에서 교실은 단순한 물리적 공간을 월담하여, 시적 화자와 어린 학생들 모두에게 의미의 재구성과 존재 인식의 전환을 추동하고 있다. 또한, 단풍나무와 화살나무는 자기 성찰의 매개 개념으로, 시적 화자가 자신의 교육관, 존재 방식, 타자와의 관계를 돌아보는 계기를 제공한다. 문학치료 이론에 따르면, "문학 작품 속 인물이나 사물과의 관계 맺기를 통해 자기의 삶을 재해석하고 인식의 구조를 수정할 수 있다."라고 한다. 시적 화자는 단풍나무 가지에 오른 아이와 화살나무에 등장하는 몸이 불편한 아이를 통해, 자신이 고정적으로 생각해 온 교실과 교육의 의미를 재구성하고, 더 넓은 시야에서 존재와 관계의 본질을 탐색하고 있다.

　이와 같이 두 편의 작품에서 공통으로 등장하는 "나

무"는 자기 성찰을 견인하는 매개로 기능하고 있음을 알 수 있다. 나무가 시적 화자의 내면 집중 탐구와 특정 경험과 그 경험을 해석하는 시적 장치로 기능하기에, 나무는 시에서 삶의 본질과 존재의 의미를 탐색하고 성찰하는 계기를 매개하고 있다.

    등나무 그늘에 앉아
    등꽃 떨어진 곳을 바라본다
    느리게 느리게 기어가는
    애벌레 한 마리

    나를 찾으며
    꿈속으로 기어 오는 우리 아기
    배밀이다

    가장 낮은 곳에서
    가장 낮은 것이 세상을 향해
    온몸으로 돌진한다

    바로 저것이다
    벌레가 몸소 가르쳐 주는 세상 읽기

〈
등꽃 그늘에 앉아 나를 바라본다
                    -「가장 낮은 몸짓」

　「가장 낮은 몸짓」에서도 등장하는 "등나무" 역시, 시적 화자의 자아 성찰에 집중하는 매개체로 작동한다. 시적 화자가 등나무 그늘에 앉아 등꽃이 떨어진 자리를 바라보고 있을 때, 느리게 기어가는 애벌레와 배밀이 하는 아기(손자)가 하나의 이미지로 결합하고 있다. 이질적인 두 존재의 겹침은, 지상에서 가장 미미한 존재의 의미를 부각하기 위한 시적 장치라 할 수 있다.
　따라서 등나무 그늘은 외부 세계와 단절되어, 자신의 내면 풍경과 대면이 가능한 곳이다. '가장 낮은 곳'에서 '가장 낮은 것'이 세상을 향해 돌진하는 모습에서, 인간 존재의 겸허함과 근원적 생명력을 발견케 한다. 시에서 '등나무'는 내면적 성찰의 공간으로, 하이데거의 '현존재(Dasein)의 자기 이해' 개념과도 상통한다. 하이데거는 인간이 세계 안에서 자신의 존재를 성찰하는 과정을 강조하는데, 시인은 등나무 그늘이라는 자연 공간에서, 가장 미약한 생명체의 움직임을 통해 자기 존재를 새롭게 인식한다. 결국, 「가장 낮은 몸짓」에서 나무는 시적 자아가 자기 성찰과 존재의 본질에 다가서는 매개로 작동하고 있다.

"등꽃 그늘에 앉아 나를 바라본다"라는 마지막 구절 역시, 자연과의 교감 속에서 자신을 돌아보는 시적 화자의 내적 움직임을 집약적으로 드러내고 있다. 이처럼 등나무 그늘은 시적 자아가 세계와 자신을 새롭게 읽고, 존재의 의미를 재구성하는 성찰의 공간이자 철학적 사유의 장으로 기능하고 있다.

4. 생의 시원과 우주의 소리

>   답답한 내 이름을 부르며
>   꼭 들어맞는 말 하나 찾아
>   온 숲을 헤맨다
>   - 「내 이름을 부르며」 부분

>   돌 지난 아기가
>   내게로 오는 소리는
>   돌돌 흐르는 개울물 소리다
>   〈

2층 계단 모서리에 납작 엎드려

몸을 붙이고

물처럼 미끄러진다

통 통 통…

점으로 오는 소리

방문에서 멈춘다

말문이 열리지 않아 끙끙대다가

'으, 으' 터지는 외마디

강한 자기력에 끌려

우주를 건너온 소리

아기와 만나는 아침은

온온한 고치 속이다

어느 강력한 손을 따라서 가는

아기와 나는

몸에서 몸을 잇는 긴 릴레이

바통 터치 중

저녁은 눕고 아침은 일어선다

맑은 눈빛에 비치는

청동거울 깊은 속

아득한 시원

시간은 흘러도 사랑은 남는다*

* 템푸스 푸지트, 아모르 메네트(Tempus fugit, amor manet).

— 「점으로 오는 소리」

  이 시는 가족과의 사랑과 새 생명의 탄생을 통해, "몸에서 몸을 잇는 긴 릴레이/ 바통 터치 중이다", "저녁은 눕고 아침은 일어선다" 등 자연의 순환과 삶과 죽음 그리고 시작과 끝의 반복을 암시하고 있다. "시간은 흘러도 사랑은 남는다"와 같이 존재와 현상은 변화하지만, 본질(사랑)은 순환적 구조 안에서 훼손되지 않는 본질적 핵심이라는 점을 강조하고 있다.

테라코타 인형에서

어린 노랑이 일어난다

〈

밀랍으로 봉해 놓은 노랑은

나의 창세기

흙담 앞에서 피던

민들레의 모습은 머물지 않지만

반가운 안부처럼

800도의 불에 구워진 봄날이

불에서 빠져나온

흙의

영혼 같은

아릿한 사랑이 시공을 넘나든다

— 「테라코타」 전문

  이 시는 "아릿한 사랑이 시공을 넘나든다"라는 구절처럼, 사랑과 기억, 감정의 에너지가 형태를 바꾸는 순환의 흐름을 이미지화하고 있다. 불과 흙, 창조와 소멸, 사랑의 시간을 통해 순환하는 미학을 테라코타의 이미지로 형상화하고 있다. "800도의 불에 구워진 봄날 / 불에서 빠져나온 / 흙의 / 영혼"이 테라코타라는 예술작품으로 탄생하는 존재 변화와 재생의 원리를 보여주고 있다.

"밀랍으로 봉해 놓은 노랑은 나의 창세기"에서, '창세기'는 개인적 탄생이자, 우주적 생성의 은유이다. "800도의 불에 구워진 봄날이 / 불에서 빠져나온 / 흙의/ 영혼 같은", 고통(불)과 변환(구움), 그리고 새로운 존재(영혼)로의 승화 과정으로 탄생한 창조 과정이 곧 생명의 근원(흙)과 변환(불), 그리고 그 결과로 색채(노랑)가 시간의 흐름을 넘어 반복적으로 재현됨을 의미한다.

이와 같이 문영하의 시 세계는 만물은 '생성과 소멸 그리고 재생'의 흐름이라는 순환성이라는 동양적 미학의 원리를 시적 언어로 구현하고 있다. 죽음은 변환이며, 삶과 죽음, 시작과 끝, 상실과 회복은 모두 상호 의존의 흐름 속에서 존재의 의미를 획득한다. 이러한 시적 사유는 동양 시학의 "관조와 깨달음"이란 전통적 미학에 닿아있으며, 자아와 세계 그리고 우주, 삶과 죽음이 하나로 어우러지는 시적 진경을 창조하고 있다. 특히 나무가 지닌 확장과 생성 그리고 소멸과 생성으로 이어지는 재생과 순환의 식물적 상상력을 토대로 하고 있다. 이러한 시적 사유는, 순환과 연속의 원리를 핵심으로 삼는 시적 세계관을 통해 개별적 삶과 우주적 질서와 어우러지는, 동양 시학의 현대적 계승이자 창조적 변용이라 할 수 있다.(*)

지성의 상상 시인선 050
네 시 반 창문 너머

초판 1쇄 발행 2025년 9월 30일

지 은 이 문영하
펴 낸 이 한춘희
펴 낸 곳 지성의 상상 미네르바
등록번호 제300-2017-91호
등록일자 2017. 6. 29.
주   소 03131 서울특별시 종로구 율곡로 6길 36, 월드오피스텔 802호
전   화 02-745-4530
전자우편 minerva21@hanmail.net

ISBN 979-11-89298-84-5 (03810)

값 12,000원

* 이 책은 전부 또는 일부 내용을 재사용하려면 반드시 저작권자와 미네르바의 동의를 받아야 합니다.
* 이 도서의 국립중앙도서관 출판시도서목록은 서지정보유통지원시스템 홈페이지(http://seoji.nl.go.kr)와 국가자료공동목록시스템(http://www.nl.go.kr/kolisnet)에서 이용하실 수 있습니다.